II.

ANNEXES AU PROCÈS-VERBAL.

DISCUSSION SUR *LES LOIS DE LA POPULATION*

D'APRÈS M. G. CAUDERLIER.

1° *Observations de M. Loua.*

M. Loua demande la parole, non pour discuter l'excellent mémoire de M. Gustave Cauderlier, mais pour rappeler que, lui aussi, il a traité, non en économiste, mais en simple statisticien, de la question encore controversée de la fécondité des populations.

Ce travail, qui date de l'année 1877, s'appuie à la fois sur le relevé de l'état civil des principales nations de l'Europe pendant les années 1872, 1873, 1874 et 1875, recueilli à grand'peine par le service de la statistique générale, dont il était le chef à cette époque, et sur le précieux volume que le Bureau royal de statistique de Suède a consacré à la statistique internationale des recensements.

J'ai d'abord dressé le tableau habituel de la fécondité générale de la population, à savoir le nombre des naissances totales pour 100 habitants de chaque pays. Dans ce tableau la Russie figure au premier rang (4,72) et la France et l'Irlande au dernier (2,63 et 2,69).

Ces écarts sont considérables, et l'on peut se demander d'où vient ce défaut d'harmonie dans un fait aussi essentiel que la reproduction de l'espèce humaine dans les États civilisés ?

Le premier point à considérer, c'est que la population tout entière ne contribue pas à cette reproduction ; l'âge de la fécondité est resserré dans certaines limites et l'on admet généralement que ce n'est que de 15 à 45 ans que les femmes sont aptes à la procréation.

Il était naturel de rapporter le nombre de ces femmes à la population. C'est ce que nous avons pu faire pour quinze États. Or, qu'avons-nous trouvé ? C'est que la moyenne de ces rapports est de 22,6. C'est le chiffre de la France et de la Prusse. Quant aux autres pays, les dissemblances sont tellement minimes, qu'on peut les négliger.

Cette observation, qui a tous les caractères d'une loi naturelle, permet d'affirmer que, quel que soit le pays, dans toute l'Europe le rapport à la population des femmes en âge de procréer est constant.

Cette conclusion est véritablement digne de fixer l'attention, car elle prouve que la nature a distribué également entre les divers peuples les moyens de reproduction ; on ne peut donc lui imputer les inégalités qu'on a fait ressortir plus haut dans leur fécondité respective. Il faut en conséquence rechercher ailleurs les causes de ces inégalités.

Si, comme on vient de le dire, toutes les femmes de 15 à 45 ans, sauf, bien entendu, en cas d'impuissance ou de maladie, sont aptes à la procréation, il s'en faut de beaucoup qu'elles soient toutes appelées à y participer.

Les lois, d'accord avec la morale publique, ont réglé les conditions de l'union des deux sexes en créant le mariage. Le mariage est donc une institution sociale et, comme on est libre de se marier ou non, un grand nombre de personnes se soustraient au mariage ou par crainte ou indifférence, ou encore par suite des nécessités de leur situation. Ajoutons que les institutions tendent, dans certains pays, à favoriser ces unions légales et dans certains autres à les restreindre. Or, comme les enfants qui naissent dans le mariage forment la grande majorité des naissances, il y a là une première cause, et certainement la plus importante, des inégalités que l'on a constatées dans la fécondité générale.

En dehors de ces unions légitimes, il faut placer les unions irrégulières qui, elles aussi, contribuent, quoique dans une faible mesure, à l'accroissement de la population, puis les célibataires femmes, qui restent telles, en s'engageant dans des ordres religieux, ou se vouent au célibat, comme les béguines par exemple.

En résumé, au point de vue où nous nous plaçons, les femmes de 15 à 45 ans se divisent en deux groupes : les femmes mariées et les femmes non mariées.

Or, si l'on établit le nombre pour 100 habitants de ces deux groupes, ce que nous avons pu faire pour douze États, il se trouve que la proportion des mariées est de 9,2 et celle des non mariées de 13,4, c'est-à-dire bien supérieure.

Au point de vue du nombre des mariées, c'est la France qui occupe le premier rang (12 mariées contre 10,6 non mariées) et l'Irlande, le dernier, 8,8 seulement. Cette observation est à retenir.

Nous sommes maintenant en mesure de serrer de plus près la question de la fécondité. A la fécondité générale, dans laquelle la population tout entière entre en jeu, nous pouvons en effet substituer deux fécondités spéciales en rapportant : 1° les enfants légitimes aux épouses de 15 à 45 ans ; 2° les enfants naturels aux autres femmes du même âge.

Le tableau où nous avons consigné nos calculs est si important, que nous demandons la permission de le reproduire *in extenso*. (Voir p. 77.)

On voit d'après ces chiffres que la fécondité des femmes nubiles suit à peu près exactement le même ordre que la fécondité générale, et qu'en ce qui concerne la fécondité légitime, le premier rang appartient à la Hollande et à l'Allemagne. Enfin, la France, qui avait pourtant les meilleures chances pour elle, puisqu'elle compte le plus de mariés (et de mariés plus jeunes, en moyenne, qu'ailleurs) est tout à fait au bas de l'échelle.

Seule, la fécondité générale de l'Irlande est presque identique à la nôtre, mais c'est pour des causes toutes différentes : c'est que, malgré leur grande fécondité (29,8), les femmes mariées y sont en nombre relativement petit, ce qui amène une diminution forcée dans la fécondité générale de ce pays.

Fécondité proportionnelle des divers États de l'Europe.

	Fécondité générale.	Fécondité spéciale des femmes de 15 à 45 ans.		
		Légitime.	Illégitime.	Moyenne.
1. — Russie.	4,72	»	»	20,5
2. — Hongrie	4,14	»	»	17,8
3. — Allemagne	3,97	34,8	2,9	17,7
4. — Autriche.	3,93	»	»	46,5
5. — Italie	3,67	28,8	2,4	16,1
6. — Finlande.	3,63	»	»	15,8
7. — Hollande.	3,60	35,3	1,0	16,0
8. — Angleterre	3,57	29,7	1,6	15,5
9. — Écosse.	3,53	32,8	2,5	15,8
10. — Belgique.	3,25	33,7	1,8	14,8
11. — Danemark	3,12	28,5	2,8	14,3
12. — Roumanie	3,12	»	»	13,5
13. — Norvège	3,10	29,3	2,2	14,0
14. — Suède.	3,05	29,3	2,5	13,7
15. — Suisse.	3,04	29,7	1,1	13,1
16. — Grèce	2,96	»	»	13,2
17. — Irlande	2,69	29,8	0,5	12,3
18. — France	2,63	20,3	1,8	11,6

Il y aurait bien d'autres constatations à faire, mais ce qui précède suffit pour dévoiler un certain nombre des causes qui modifient la fécondité générale des divers États.

Exprimons le désir, en terminant, que notre étude soit reprise avec des documents plus récents ; les nouveaux chiffres confirmeraient, nous en sommes persuadés, la vérité de nos conclusions.

2° *Observations de M. March.*

Dans un savant ouvrage que nous avons eu la bonne fortune d'entendre analyser par M. Coste et par l'auteur lui-même, M. Cauderlier a cherché, après beaucoup d'autres démographes, à mesurer l'influence des circonstances économiques sur les mariages, les naissances et les décès. Peut-être a-t-il interprété trop étroitement les travaux de ses devanciers ; il n'en a pas moins, à mon sens, le grand mérite d'avoir cherché des formules plus précises que celles dont on se contente souvent.

Suivant la méthode analytique, il isole des groupes de population successivement soustraits aux influences autres que celle dont il veut étudier les effets. Il commence par éliminer, autant que faire se peut, les influences ethniques, géographiques et politiques, en observant à diverses époques la population d'une même contrée.

Il cherche ensuite à éviter, dans cette population, l'influence de la répartition par âge des habitants. Cette influence est, chacun le sait, la plus considérable de toutes : M. Cauderlier y insiste avec raison. Il importe donc d'en dégager les phénomènes étudiés.

M. Cauderlier me semble avoir procédé en toute rigueur en ce qui concerne la mortalité ; il y aurait à dire en ce qui concerne la natalité, mais puisque, dans sa communication, il a surtout insisté sur son étude de la nuptialité, je me bornerai à quelques réflexions sur cette partie de son analyse.

En cherchant un groupe de population dégagé de l'influence de l'âge, M. Cauderlier écarte d'abord l'idée de prendre pour base la population totale. Celle-ci, en effet, renferme des individus de tous âges, dont certains sont, en raison de leur âge, dans l'impossibilité légale et naturelle de se marier.

Il examine ensuite un groupe exclusivement formé de femmes de 15 à 50 ans. Ce groupe ne comprend que des personnes ayant la capacité légale de se marier, mais il contient des femmes déjà mariées et des femmes d'âges divers. M. Cauderlier est d'abord tenté d'éliminer les femmes déjà mariées; il s'aperçoit alors que, ce faisant, il donne une grande influence à l'âge au mariage. En effet, si, dans une population donnée, G jeunes filles arrivent chaque année à l'âge de 15 ans et si elles se marient toutes précisément à 15 ans, la population ne comprendra pas de femmes célibataires de 15 à 50 ans. Par suite, le rapport du nombre des mariages au nombre des femmes célibataires de 15 à 50 ans, $\frac{G}{0}$, sera infiniment grand. Ce rapport ira en diminuant à mesure que l'âge au mariage s'élèvera à 16 ans, 17 ans, 18 ans, etc.

M. Cauderlier aurait pu, par analogie avec ce qu'il a fait dans son étude de la mortalité, calculer, à chaque âge, le rapport du nombre des filles se mariant à cet âge au nombre total des femmes célibataires qui y parviennent. A travers le temps, il aurait tracé des courbes qui auraient permis d'étudier les variations de la nuptialité à chaque âge, comme il en a tracé pour suivre les fluctuations de la mortalité aux différents âges.

Il a préféré considérer un seul groupe, celui des filles qui arrivent à l'âge moyen au mariage, c'est-à-dire à un âge variable avec l'état de la population. C'est aller contre le but poursuivi.

Si l'on veut déterminer la fréquence des mariages, dans une population féminine, indépendamment de l'âge auquel les filles se marient, il faut considérer le groupe des jeunes filles qui arrivent à l'âge de 15 ans et suivre ce groupe pendant au moins 35 ans. Soit G le nombre des jeunes filles qui le composent; soit, d'autre part, m_{15} le nombre des mariages de jeunes filles de 15 ans contractés pendant l'année, m'_{16} le nombre des mariages de jeunes filles de 16 ans contractés l'année suivante, m''_{17} le nombre des mariages de jeunes filles de 17 ans contractés l'année d'après, on obtiendra un coefficient indépendant de l'âge au mariage en calculant le rapport

$$\frac{m_{15} + m'_{16} + m''_{17} + \cdots}{G},$$

c'est-à-dire le rapport, à la valeur d'une génération féminine de 15 ans, du nombre des mariages survenus, à toutes époques, parmi les personnes qui composent cette génération. Si l'on retranche de G le nombre des décès des femmes restées célibataires, le coefficient devient indépendant aussi de la mortalité.

On objectera que le calcul est long, qu'il exige une interpolation des chiffres officiels; ce n'est pas une raison pour y substituer une opération qui ne s'adapte pas au problème posé. D'ailleurs, on peut, à l'aide de quelques hypothèses admissibles, simplifier la formule et rapporter le nombre annuel des mariages à une génération féminine de 15 ans, comptée quelques années auparavant. Il est cependant préférable d'effectuer le calcul complet pour les pays qui fournissent des observations suffisamment détaillées (1).

Je puis présenter à la Société un travail analogue, mais plus compliqué, effectué par les services techniques de l'Office du travail, de la statistique générale de France

<hr>

(1) La formule s'applique surtout lorsqu'on veut comparer, d'un pays à l'autre, la chance qu'une jeune fille a de se marier, ce qu'a cherché M. Cauderlier dans son étude de la mariabilité.

Si l'on s'en tient à l'observation d'un même pays aux diverses époques, de deux choses l'une : ou bien la composition de la population varie beaucoup, et, alors, on ne peut rien déduire des fluctuations annuelles des mariages, attendu que les variations de composition de la population sont dues à des influences qui agissent sur de longues périodes; ou bien l'on suppose, explicitement ou implicitement, que la composition de la population varie fort peu, que l'effet des influences à long terme est négligeable. Dans ce cas, le choix du coefficient qui sert de terme de comparaison est indifférent.

Soient : P, la population totale; F, le nombre des femmes âgées de 15 ans et plus; C, le nombre de et du recensement, à la demande de la Direction de la prévoyance et des assurances sociales. Il s'agit du calcul du nombre des survivants parmi les parents des employés et ouvriers de l'industrie. L'exposé, d'ailleurs très court, de la méthode suivie et des résultats sera de nature à intéresser ceux qui poursuivent des recherches du même genre.

Je crois, avec M. Cauderlier, que la difficulté des calculs ne doit pas rebuter, surtout lorsqu'il s'agit d'opérations aussi délicates que de déterminer avec quelque précision les causes des phénomènes démographiques. Je serai heureux si, en lui signalant ce que je crois un point faible de son analyse, je l'excite à pousser plus à fond ses intéressants travaux.

3° *Observations de M. Vauthier.*

Les observations qui vont suivre n'apportent, dans la discussion ouverte devant la Société de statistique, aucun fait nouveau.

Elles ont un caractère exclusivement logique.

Dans une matière aussi délicate, aussi complexe, aussi neuve que celle des *lois de la population*, j'estime que ce dont il faut se défendre, c'est de conclusions prématurées, de *lois* trop hâtivement établies ; et qu'il faut se garder surtout d'attribuer exclusivement le cachet scientifique à la méthode qu'on suit et aux coefficients qu'elle fournit. Tout résultat numérique est également scientifique, lorsqu'il établit la relation voulue entre les éléments comparés. Il a, selon le cas, plus ou moins de portée. Il peut être plus ou moins propre à éclairer le problème auquel il se rattache. Il n'en est pas, pour cela, plus ou moins scientifique. Ce qui cesse d'être scientifique, c'est d'en faire mauvais usage.

M. Cauderlier montre excellemment que le coefficient dit de *nuptialité*, qui donne le rapport des mariages annuels à la population totale, ne fournit pas, d'un pays à l'autre, des nombres ayant entre eux la même relation de grandeur que les coefficients de *matrimonialité*, déduits du rapport des mariages annuels à la partie de la population célibataire féminine dont l'âge est compris entre certaines limites. Il donne encore très clairement la raison du fait, lequel résulte de ce que la partie de la population prise pour terme de comparaison est diversement composée suivant l'âge moyen auquel les femmes se marient. Il pose, enfin, un troisième coefficient, dit de *mariabilité*, déduit du rapport des mariages annuels avec le nombre de femmes célibataires arrivant chaque année, dans le pays observé, à l'âge moyen du mariage ; et montre avec une grande ingéniosité la répercussion qu'exerce sur la valeur même de ce dernier coefficient le plus ou moins de fréquence des mariages antérieurement à l'année que l'on considère.

---

célibataires parmi celles-ci ; G, le nombre des filles qui atteignent 15 ans, m, le nombre des mariages de femmes célibataires durant l'année :

$$\left(\frac{m}{C}\right) = \left(\frac{m}{F}\right)\frac{F}{C} = \left(\frac{m}{P}\right) \times \frac{P}{F} \times \frac{F}{C} = \left(\frac{m}{G}\right) \times \frac{G}{P} \times \frac{P}{C}.$$

Si $\frac{C}{F}, \frac{F}{P}, \frac{G}{P}$ varient fort peu, peu importe que l'on adopte comme coefficients $\frac{m}{C}, \frac{m}{F}, \frac{m}{G}, \frac{m}{P}$, puisque leurs variations seront proportionnelles.

Dans cette même hypothèse d'une population de *composition* à peu près constante, on peut essayer, comme je l'indique, de se contenter de l'expression plus simple

$$\frac{M_{15+a}}{G_{15}},$$

mais, pour que la valeur de a pût être déterminée avec quelque précision, il faudrait commencer par faire une nouvelle hypothèse sur la loi d'accroissement de la population.

Toutes ces recherches sont légitimes. Elles sont d'un haut intérêt et font, très utilement, pénétrer plus avant dans la connaissance sociologique d'un phénomène complexe, fondement de la démographie, sans lequel la reproduction de l'espèce n'existerait pas ou du moins n'aurait lieu que par des voies irrégulières — dont il faut, malgré tout, tenir compte, quelque répulsion qu'on ait pour elles.

Seulement, cela dit, de ces coefficients divers, aucun n'est plus ou moins scientifique. Ce qui peut leur donner plus ou moins de valeur, c'est leur degré variable de fixité, aussi bien dans le temps que dans l'espace, et c'est celui d'entre eux le mieux avantagé sous ce rapport qui, en tant qu'expression d'une *loi*, prendrait, dans l'usage, la prééminence. Mais, après comme avant la démonstration, les autres n'en subsisteraient pas moins. Ce qu'il faut, c'est qu'on n'en détourne aucun de leur sens propre, et qu'on n'en fasse pas un emploi abusif.

A ce propos, s'il m'était permis d'exprimer, ici, un vœu personnel, je demanderais, au point de vue démographique, qu'on cherchât, par rapport à la reproduction de l'espèce, un coefficient déduit du rapprochement sexuel, propre à servir de contrôle à la natalité, et qui correspondît, dans cet ordre d'idées, à ce que représente le produit brut d'une voie de transport, lequel ne dépend pas seulement du nombre de voyageurs qui la fréquentent, mais des distances variables que chacun d'eux y parcourt, des places de diverses catégories qu'ils y occupent et des tarifs appliqués. En combinant, avec les éléments qui conduisent à la *mariabilité*, ceux qui se rapportent à la *fécondibilité*, comme âge absolu et relatif des conjoints, variation suivant la durée du mariage, etc., on aurait là, semble-t-il, une expression de ce que devrait être, théoriquement, le produit : *natalité ;* d'où, par comparaison avec le résultat effectif, un moyen de remonter aux causes qui peuvent influer sur l'état florissant ou la dépression des naissances.

En m'excusant de cette digression, je passe rapidement sur ce que dit M. Cauderlier de la permanence naturelle, dans chaque peuple, des phénomènes démographiques et de la tendance qu'ils ont à y revenir, lorsque des causes perturbatrices les en ont éloignés. D'une façon abstraite, le raisonnement employé ne me paraît pas parfaitement démonstratif. Si, en fait, la vérité de l'assertion est établie, le résultat montrerait à quel point les actes humains essentiels sont étroitement *déterminés*, et quelle faible part a le libre arbitre, dans l'ensemble, sur certaines de nos résolutions.

Mais j'ai hâte d'en arriver aux lois de Malthus à propos desquelles s'est longuement expliqué M. Cauderlier.

La première des propositions sur lesquelles Malthus appuie ses lois renferme trois assertions distinctes, à savoir : que la population croît selon une progression géométrique ; puis, qu'elle va doublant tous les 25 ans, pourvu qu'elle ne soit arrêtée par aucun obstacle. La première assertion, qui évoque l'idée de termes s'engendrant les uns des autres par voie de multiplication, n'a, dans l'espèce, rien d'inadmissible. Seulement, elle n'implique, par elle-même, aucune notion de croissance. Tout dépend de la raison de la progression. Par la seconde, en fixant le doublement en 25 ans, ce qui correspond à un croît annuel de 2,8 p. 100 environ, Malthus semble avoir admis que, normalement, chaque couple produit quatre individus, vivant plus de 25 ans, et qui se reproduisent eux-mêmes dans les mêmes conditions. Mais, à l'aide de sa réserve sur l'absence d'obstacles, il s'est ménagé une ligne de retraite.

On comprend, dès lors, comment sa proposition a pu être admise en principe, quoique, en fait, il soit difficile de trouver des cas dans lesquels elle se vérifie numériquement (1).

Quant à la seconde proposition basée sur ce que les subsistances ne croîtraient

---

(1) Une circonstance fortuite nous fournit, à ce sujet, une indication qu'il peut être utile de relever. L'amiral de Cuverville, dans une étude sur la question des pêcheries de Terre-Neuve, énonce qu'en 110 ans, de 1785 aux environs de 1895, la population de l'île a passé de 10 000 à 180 000. Si l'immigration n'avait pas eu une part dans ce résultat, il ressortirait des chiffres précédents que le croît annuel moyen aurait été, à Terre-Neuve, de 2,7 p. 100, et que le doublement de la population aurait eu lieu en 26 ans.

qu'en progression arithmétique, tandis que la population croît en progression géo-métrique, on se demande, quelque sens restreint qu'on attache au mot subsistances, d'où elle peut être tirée. Pourquoi 8 individus, provenant d'un couple existant il y a 50 ans, ne produiraient-ils que comme 4 au lieu de produire en proportion de leur nombre ? Cela n'a jamais rien signifié et ne pouvait rien signifier.

En revanche, les *lois* formulées par Malthus indiquent une rare perspicacité, quoiqu'on y puisse introduire quelques amendements heureux.

Sans doute, la première : « La population est nécessairement limitée par les moyens de subsistance », a tous les caractères de l'évidence. L'homme ne peut main-tenir sa vie sans manger. Il en est de même des animaux; et rien n'est plus juste que l'éloquente péroraison qu'a inspirée cette loi à M. Cauderlier, le 16 janvier der-nier. Et cependant, avant Malthus, combien d'historiens et de penseurs étaient passés à côté de cette évidence sans la découvrir !

En ce qui concerne la seconde loi : « La population croît partout où croissent les moyens de subsistances », c'est un amendement parfaitement logique que propose d'y introduire M. Cauderlier, par la substitution aux quatre derniers mots des sui-vants : « Les facilités (ou mieux, peut-être « la possibilité) de satisfaire aux besoins de la vie. » Les *besoins de la vie* ne sont, en effet, les mêmes ni pour tous les peuples ni pour toutes les races, et deux égales sommes de satisfactions disponibles peuvent subvenir aux besoins de populations numériquement très différentes. Deux choses seulement sont à remarquer à propos de cet amendement : en premier lieu, c'est qu'il pourrait rationnellement être introduit, dès le début, dans la première loi; en second lieu, c'est que l'assertion : « La population croît partout » paraît trop absolue. Bien des obstacles adventifs peuvent s'opposer à cette croissance; d'ailleurs, l'effet n'est pas immédiat, et il serait plus prudent et plus exact de dire : « tend à croître » au lieu d'affirmer qu'elle croît.

Mais arrivons à la troisième loi qui est, pour nous, le point culminant du débat.

Cette troisième loi, Malthus, dans son rigorisme un peu âpre, la formule comme suit, d'après M. Cauderlier : « Les obstacles qui répriment le pouvoir prépondérant et forcent ainsi la population à se réduire au niveau des moyens de subsistance peu-vent tous se rapporter à ces trois chefs : la contrainte morale, le vice et le malheur. » Et M. Cauderlier explique que, pour Malthus, en fait, à l'heure où il parlait, le vice et le malheur, étroitement rattachés à l'idée de misère, entraient seuls en jeu, et que c'est pour l'avenir seulement qu'il faisait appel à la contrainte morale.

Ici, M. Cauderlier estime que Malthus s'est trompé; que la misère n'y est pour rien, et que la mort, qui apparaît sous les paroles de Malthus, intervient moins qu'il ne l'a pensé, et qu'on ne l'a dit après lui. Et quant aux moyens que la population peut employer, lorsque les ressources diminuent, pour se mettre au niveau des be-soins, M. Cauderlier en signale quatre : la réduction des besoins eux-mêmes; la limitation volontaire des mariages, et celle, par suite, de la natalité; la restriction volontaire de la fécondité; et l'émigration. La mort, selon lui, n'est pas employée, pour réduire *de force* la population, et il tente de le démontrer. Voici comment.

D'abord, l'étude directe de la *mortalité* a prouvé au contradicteur de Malthus, qui pense avoir mis le doigt sur la *loi des décès*, que la mort, dans sa fréquence, est surtout sous la dépendance de deux facteurs : les progrès de l'art de guérir et l'hygiène générale. De plus, s'appuyant sur la relation étroite qui rattache le nombre des mariages à la facilité de se procurer les ressources nécessaires à la vie, il a, usant d'un moyen indirect, cherché, statistiquement, à l'aide de renseignements lui donnant à la fois, dans un même lieu, pour une même époque, le quantum des ma-riages et des décès par rapport à la population totale, s'il y avait, dans les mêmes années, variation réciproque entre les deux éléments; et cette recherche n'a pas accusé de relation manifeste entre les deux ordres de phénomènes.

Ce résultat négatif ne semble nullement convaincant. L'affaiblissement par lequel, à tous les âges, la misère prédispose à la mort ne produit immédiatement son œuvre que dans des cas assez rares. Plus rapide sur l'enfance, son action l'est moins sur l'âge mûr et la vieillesse. Ce n'est pas, dès lors, entre les mêmes années qu'il faudrait chercher la correspondance, mais entre des années séparées par un certain intervalle, et lequel ? De là, une difficulté à l'emploi utile de ce procédé indirect. Ce cas est peut-être un de ceux où il serait prudent de s'abstenir provisoirement de conclure. Jusqu'à démonstration formelle, il paraît bien difficile d'admettre que les privations n'influent pas sur la mortalité. Quelque bienfaisante que puisse être l'intervention des progrès de l'art de guérir et de l'hygiène, la misère empêche d'y avoir recours, et Malthus, en ce point, nous paraît avoir dit vrai.

Quant à la « contrainte morale », qui a valu au nom du grand économiste une si fâcheuse célébrité, il se peut qu'on ait bien mal interprété sa pensée. Le mot « restreint », employé par lui, qui appelle l'idée de continence, a pu aider à l'équivoque. Mais M. Cauderlier lui-même, en plaçant la « diminution des besoins » dans la liste des moyens à employer pour ramener l'équilibre qu'a rompu la réduction des ressources, ne fait pas autre chose que recourir à la « contrainte morale », et cela dans le sens le plus sain du mot.

Il ne faut pas se le dissimuler, en effet. L'amplitude sans cesse croissante des besoins n'est pas un signe de progrès ; et M. Cauderlier a raison, et prouve sa thèse, lorsque, répondant à M. Coste, il persiste à dire que la stagnation, pour ne pas dire plus, de la population française, tient non pas à ce que la production y est trop faible, mais à ce que la consommation y est trop forte. Franklin, qui avait le génie du bon sens, disait : « Est riche qui gagne plus qu'il ne dépense ; est pauvre qui dépense plus qu'il ne gagne. » C'est là une vérité applicable aux collectivités aussi bien qu'aux individus. Depuis près d'un siècle, la France, ce pays dont on dit que sa richesse était inépuisable, est pour ses finances publiques — on le démontrait hier au Sénat (1) — à l'état continu de déficit. Il en est de même, en moyenne, de la fortune individuelle. C'est là le chemin qui mène aux abîmes.

N'exagérons rien. Ne soyons pas ridiculement Spartiates. Mais ouvrons les yeux. La sobriété, dans tous les genres de satisfactions et de jouissances, est une force d'une incomparable puissance. Si les Boers ne pouvaient vivre sans être nourris comme les soldats anglais, il y a longtemps qu'ils auraient cessé de défendre leur pays. Si le Français de la classe moyenne avait moins de besoins, il envisagerait l'avenir avec plus de confiance, redouterait moins la charge d'une famille, ainsi que le dit M. Coste, qui a parfaitement raison en ce point ; tous les coefficients relatifs au mariage y gagneraient ; la force vive de la bourgeoisie s'en accroîtrait et l'on ne verrait pas cet étrange spectacle d'un père de famille se suicidant avec ses enfants parce qu'il en est réduit à trente mille livres de rente.

Il y a, dans ce grand fait de la situation mentale des individus en face de ce qu'on appelle les jouissances de la vie, non seulement un sujet de réflexion, mais un objet spécial d'études pour la statistique et la démographie. La première, nous dit-on, est « l'étude numérique des faits sociaux », et, dans la masse de ces faits, la démographie prend pour tâche l'étude numérique des mouvements de la population.

Pour être complète, pour parler un langage utile — et l'utilité est le but suprême de tout ce qui se rapporte aux arts sociaux — la démographie ne doit pas s'arrêter à des dénombrements matériels. Elle doit tenir compte des éléments moraux qui, suivant leur nature, mettent entre des groupements sociaux semblables, de si considérables différences d'activité bienfaisante ou nuisible. Ce n'est pas là une tâche absolument nouvelle. L'élément moral intervient implicitement dans le grand phénomène de la reproduction de l'espèce qui domine la démographie. Mais il est d'autres faits à propos desquels il est besoin de ne pas oublier ou négliger l'importance de cet élément.

Nous n'en citerons qu'un exemple. Il nous paraît topique :

En mettant en rapport la population de deux pays comparés, on ne mentionne, dans un premier aperçu, que le chiffre total de celle-ci. La démographie, sans doute, ne s'en tient pas là. Elle étudie la composition de chacune par sexe et par âges, et

____

(1) Rapport de M. Antonin Dubost, rapporteur général du budget de 1901, au nom de la Commission des finances.

permet de comparer, de l'une à l'autre, l'ensemble du groupe des adultes entre les limites de la pleine virilité. Mais est-ce là tout? Ne fût-ce que sous l'aspect matériel, étudie-t-elle leur force musculaire, leur habileté manuelle relatives, et, pénétrant plus avant, mesure-t-elle leur valeur comparée au point de vue de la force intellectuelle initiale, et du développement par l'enseignement de cette faculté prépondérante? Et combien d'autres éléments devraient entrer dans une comparaison qui porterait seulement, par exemple, sur la virtualité probable de deux populations pour la défense de la patrie!

Un anthropologue (1), qui n'exagère pas, loin de là, l'influence générale de la culture intellectuelle, a, au contraire, une telle confiance dans la puissance de l'organisation cérébrale proprement dite que, suivant lui, si les Grecs modernes étaient sous ce rapport aussi bien doués que leurs ancêtres historiques, ils gouverneraient bientôt le monde. Une telle assertion met une telle distance d'une disposition crânienne à une autre, qu'en faisant même une large part à l'exagération, elle mérite d'être vérifiée. C'est là un problème d'un haut intérêt posé à la démographie raisonnée; et ce problème n'est pas le seul.

Nous admettons pleinement ce que nous disent les chiffres du déterminisme naturel, qui n'a pas, au fond, d'autre sens que celui-ci: c'est que l'homme, être raisonnable, n'agit pas sans motifs. Mais cela ne doit pas conduire au *fatum mahometanum*. L'homme se gouverne. Il fait son histoire; et toutes les sciences qui ont pour objet d'étudier, d'un point de vue quelconque, celle-ci, quand elle est faite, ne doivent jamais oublier que l'homme est transformable dans une certaine mesure; que ce n'est pas un corps inerte qu'elles ont sous les yeux, mais un être vivant qui évolue et qu'elles ont pour devoir sacré de fournir à cette évolution tous les éléments sains et toute l'aide dont elles disposent.

Nous ne doutons pas un instant d'être, en plein accord, ici, avec M. Cauderlier et aussi avec M. Coste qui a, en si excellents termes, présenté à la Société le travail important sur lequel nous discutons.

4° Observations de M. le Dr J. Bertillon.

M. Cauderlier a bien voulu consacrer, soit à moi, soit à mon père, plusieurs passages de sa communication. Je me propose de répondre brièvement à ses objections.

Mais la partie principale de ma communication aura pour but de critiquer ses remarques sur la nuptialité et sur les lois de Malthus. Je ne parlerai pas de son livre lui-même, mais seulement des questions que M. Cauderlier a soumises à notre Société.

I.

J'estime que la pensée de mon père n'a pas été comprise, lorsque M. Cauderlier a dit que c'est sur un petit tableau de 6 chiffres inséré dans un de ses ouvrages « qu'il base toute sa théorie des mariages ».

Mon père donne de ce tableau (dans lequel il compare la nuptialité au nombre relatif des propriétaires) un commentaire de 16 lignes en tout, dont 12 sont consacrées à faire remarquer l'imperfection du tableau et la faiblesse des différences numériques. Voici le texte des quatre autres lignes : « Quoique cette influence ne se manifeste que par des différences numériques en apparence assez faibles, comme elles se continuent et se poursuivent dans les trois groupes, elles nous paraissent traduire un fait réel. » Et c'est tout. Comment M. Cauderlier peut-il dire que mon

(1) M. de Lapouge.

père « a basé sur ce tableau sa théorie des mariages » ? C'est évidemment une erreur.

J'ajoute que mon père avait parfaitement raison quand il disait que ce tableau, malgré son imperfection, « traduisait un fait réel ». Il l'avait jugé avec sa perspicacité ordinaire. Des travaux ultérieurs l'ont prouvé.

Si j'insiste sur l'interprétation que M. Cauderlier a donnée à la pensée de M. Bertillon, c'est que, très souvent, dans son livre, l'auteur des *Lois sur la population* m'a paru se méprendre sur la pensée de Quetelet ou de tout autre auteur, ce qui lui donne l'occasion de parler ensuite de leurs prétendues erreurs.

C'est ainsi qu'il se donne une peine bien inutile, dans sa communication à notre Société, pour me convaincre que l'alcoolisme et les excès de tous genres sont nuisibles à la santé, qu'il faut redoubler de précautions pour soigner les enfants en été, les vieillards en hiver. Il emploie deux pages entières à cette démonstration. C'est bien longuement prêcher un converti, car je n'ai jamais dit le contraire. J'ai dit (et je ne suis pas le seul !) que la mortalité est plus forte chez les pauvres que chez les riches, ce qui n'est nullement en opposition avec l'influence fâcheuse de l'alcoolisme et d'une mauvaise hygiène.

Autre exemple. J'ai constaté dans un travail, publié en août 1900, que la natalité et la nuptialité sont plus faibles dans les quartiers riches que dans les quartiers pauvres des grandes capitales, et j'ai appuyé cette assertion de chiffres nombreux qui la rendent indiscutable. Six mois plus tard, parlant de tout autre chose, j'ai dit que la crainte de la pauvreté était probablement plus terrifiante que la pauvreté elle-même. Cette opinion, qui d'ailleurs n'est pas de moi, ne me paraît pas très hardie. Mais, enfin, elle n'a qu'une relation très éloignée avec mon Mémoire lu au Congrès d'hygiène. Sur quoi notre collègue, mêlant les deux propositions, consacre une demi-page à les réfuter au moyen d'une hypothèse qui n'a, avec mon Mémoire, aucune espèce de rapport (1).

Mais c'est assez parler *pro domo meâ*. J'aborde des questions d'importance plus générale.

II.

Quoique M. Cauderlier fasse grand usage du calcul qui consiste à comparer le nombre des mariages au nombre des mariables, il fait à cette méthode une objection qui ne manque pas de justesse, mais qui manque un peu de nouveauté. Il remarque que le nombre des mariables dépend de l'âge au mariage, et que cela influe sur la nuptialité, un pays dans lequel le mariage est précoce ayant ainsi une nuptialité plus forte qu'un autre où le mariage est tardif. En sorte que 10 000 mariages contractés à 40 ans se trouvent compter pour moins que 10 000 mariages contractés à 20 ans.

Je rappellerai tout à l'heure quel est le calcul que propose M. Cauderlier pour corriger cette prétendue erreur et quel calcul beaucoup plus simple a été fait par différents auteurs pour dégager les chiffres de l'influence de l'âge au mariage.

Mais est-il bien légitime de compter un mariage contracté à 40 ans comme valant un mariage contracté à 20 ans ? Je ne le crois pas. Au point de vue social, il est certain que ces deux mariages ont une valeur bien inégale, et il n'est pas mauvais que cette inégalité entre en ligne de compte dans le calcul qui doit résumer en un seul chiffre la tendance au mariage d'un pays.

M. Cauderlier nous a dit que ce qui importe aux jeunes filles, c'est d'être mariées, mais qu'il leur importe peu de l'être à 20 ans ou à 50. Peut-être ne seraient-elles pas de son avis, si on les consultait. Pour nous, qui nous plaçons au point de vue de l'intérêt social, nous ne pouvons évidemment pas le partager.

---

(1) Enfin, M. Cauderlier me fait l'honneur de m'attribuer la description de Fort-Mardyck. Elle se trouve dans la thèse du Dr Lancry. Je n'ai eu d'autre mérite que d'attirer l'attention sur cet ouvrage ; je me suis rendu personnellement à Fort-Mardyck et j'ai visité avec soin les curieuses institutions de cette intéressante commune. Sans M. Lancry, je ne les aurais même pas soupçonnées.

Adoptons-le pourtant subsidiairement, et voyons comment on doit alors calculer la nuptialité. Le problème a été examiné par tous les probabilistes sous la forme suivante :

Supposons une armée de 10 000 soldats qui partent en guerre le 1er janvier ; au bout de douze mois, ils ont perdu 1 200 des leurs. Quelle a été leur mortalité ?

Réponse. — Elle a été $\dfrac{1\,200}{10\,000}$.

Telle est la solution dont la démonstration se trouve dans les traités de probabilité (et notamment dans mon *Cours de statistique*, p. 497). Je la rappellerai brièvement.

Lorsque 10 000 soldats partent en guerre, la probabilité que chacun d'eux a d'être tué le premier est de $\dfrac{1}{10\,000}$ et celle de survivre à ce premier malheur est de $\dfrac{9\,999}{10\,000}$.

La probabilité d'être frappé le second est une probabilité composée, car il faut pour cela deux événements : 1° avoir survécu au premier coup mortel (événement dont la probabilité, nous venons de le voir, est $\dfrac{9\,999}{10\,000}$) ; 2° être frappé par le second coup mortel (événement dont la probabilité est de $\dfrac{1}{9\,999}$). Une probabilité composée s'exprime par le produit des deux probabilités composantes. La probabilité de mourir le second est donc pour chacun des soldats qui partent en guerre de $\dfrac{9\,999}{10\,000} \times \dfrac{1}{9\,999}$, c'est-à-dire qu'elle est encore de $\dfrac{1}{10\,000}$.

De même la probabilité de mourir le troisième est : $\dfrac{9\,999 \times 9\,998 \times 1}{10\,000 \times 9\,999 \times 9\,998}$, c'est-à-dire toujours de $\dfrac{1}{10\,000}$.

Mais ce qui intéresse les soldats, ce n'est pas la probabilité de mourir le premier ou le second, c'est la probabilité de mourir pendant la campagne. Additionnons donc ces fractions successives les unes avec les autres ; nous avons $\dfrac{1}{10\,000} + \dfrac{1}{10\,000} + \dfrac{1}{10\,000} \ldots = \dfrac{1\,200}{10\,000}$. Telle est la véritable expression de leur mortalité pendant l'unité de temps adoptée.

Remarquons que le dénominateur de notre fraction est la totalité des soldats qui *partent* pour la guerre, parce que nous avons admis pour unité de temps la durée de la campagne. Nous aurions pu admettre une autre méthode sujette aux objections de M. Cauderlier, par exemple l'effectif moyen. Il en résulterait que si le début de la guerre avait été particulièrement désastreux au point que 1 200 soldats fussent morts à la fin du premier mois, l'effectif moyen aurait été :

$$10\,000 \times 1 = 10\,000$$
$$8\,800 \times 11 = 96\,800$$

$$106\,800 : 12 = 8\,900,$$ et s'il y a eu 1 200 décès, la mortalité sera évaluée à $\dfrac{1\,200}{8\,900} = 13,5.$

Si, au contraire, la campagne n'a été fatale qu'au commencement du onzième mois, l'effectif moyen est :

$$10\,000 \times 11 = 110\,000$$
$$8\,800 \times 1 = 8\,800$$

$$118\,800 : 12 = 9\,900,$$ et s'il y a eu 1 200 décès, la mortalité sera évaluée à $\dfrac{1\,200}{9\,900} = 12,0.$

La différence de ces deux mortalités répondra d'ailleurs à une vérité, puisque les soldats ont joui de la vie un peu moins longtemps dans le premier cas que dans le second.

Mais si nous admettons pour unité de temps la durée de la guerre (autrement dit, si nous admettons qu'un décès survenu au début vaut un décès survenu à la fin), dans ce cas, c'est au nombre *initial* des soldats que nous devons rapporter le nombre des décès. Telle est la conclusion de tous les probabilistes (et ils sont nombreux) qui ont étudié la question.

Revenons aux jeunes mariées. Je ne crois pas qu'il soit indifférent, ni à elles-mêmes, ni à leur patrie, qu'elles se marient à 20 ans, c'est-à-dire au début de leur campagne matrimoniale, ou à 50 ans. C'est pourquoi je pense plus logique de rapporter le nombre des mariages à l'effectif moyen des mariables. Le rapport calculé par mon père, et par M. Cauderlier lui-même, représente d'une façon fort satisfaisante la tendance au mariage.

Mais admettons qu'un mariage de 20 ans vaille un mariage de 50 ans, de même qu'un décès dans le début de la guerre vaut à peu près un décès à la fin de la campagne ; dans ce cas, c'est au nombre initial des candidats et candidates au mariage qu'il faut rapporter le nombre des unions. Il faut dire : sur 1 000 filles qui ont atteint puis dépassé 15 ans, combien se marient de 15 à 50 ans, combien meurent, combien restent vieilles filles. La mort jette dans ce calcul quelque confusion. Aussi plusieurs auteurs ont-ils simplifié le problème en calculant tout simplement : sur 1 000 femmes de 50 ans combien sont célibataires. Ce rapport est moins complet que celui que j'indiquais tout à l'heure, mais théoriquement, il revient à peu près au même, et pratiquement, il a l'avantage inestimable d'être simple.

Au lieu de cela, M. Cauderlier nous propose — sous le nom très impropre et peu précis de *mariabilité* — un calcul dont on cherche en vain le sens. Il compare le nombre des mariages au nombre des femmes qui ont exactement l'âge moyen du mariage (ce nombre, d'ailleurs, est calculé, car il n'est naturellement pas donné par le dénombrement). Pourquoi a-t-il choisi ce singulier dénominateur à sa fraction ? Il ne justifie pas, d'ailleurs, ce choix et n'en donne pas la démonstration.

Il est vrai qu'un peu plus loin, son calcul le conduit à trouver pour la Prusse des *mariabilités* qui dépassent l'unité, c'est-à-dire que la probabilité de mariage dépasse la certitude ! Cela ne laisse pas que de le surprendre un peu.

On peut donc conclure, à mon avis, que si l'on estime que les mariages jeunes ont une valeur sociale supérieure à celle des mariages tardifs, on continuera à calculer la nuptialité en rapportant le nombre des mariages au nombre des mariables. Si l'on ne veut tenir compte que du nombre des mariages et non de leur précocité, on calculera : sur 1 000 filles qui ont atteint 15 ans, pendant une période donnée, combien se marient ; ou, plus simplement, sur 1 000 femmes de 50 ans, combien sont filles.

Ces différents rapports suffisent aux études démographiques.

III.

Si un mariage contracté à 20 ans paraît à M. Cauderlier avoir une valeur analogue à celle d'un mariage contracté à 45 ans, il n'en est pas de même des naissances ; une naissance provenant d'une femme de 20 ans lui paraît très dissemblable d'une naissance provenant d'une femme d'un autre âge. « La mortalité varie à chaque âge, dit-il, mais il en est de même de la fécondité des femmes mariées. » Aussi « le coefficient de fécondité légitime obtenu en divisant le nombre des naissances légitimes par le nombre de femmes mariées fécondables (de 15 à 50 ans) ne peut pas plus conduire à la loi qui règle les naissances que le coefficient de mortalité générale ne peut conduire à la loi qui règle les décès » . Il faut donc tenir compte de l'âge des mères, et ce n'est pas encore assez : il faut tenir compte de la durée du mariage et encore de l'âge des pères. Il faudrait, pour bien faire, calculer 2 000 ou même 60 000 fécondités différentes pour chaque pays.

Personne ne s'étonnera d'apprendre que M. Cauderlier n'ait pas réalisé ce programme. Il est bien probable que sur les 7 millions de couples qui existent en France, il n'y en a pas deux qui soient dans des conditions absolument identiques à tous les égards. Je lui propose donc, s'il veut être fidèle à son propre point de départ, de les considérer tous ! Cette proposition n'est pas plus impraticable que celle de calculer 60 000 fécondités différentes, et je crois que, s'il était possible de classer méthodiquement les 7 millions dont je viens de parler, leur étude serait très intéressante. Comment donc les classerions-nous ?

Tout l'art de la statistique est là ! Il consiste à classer des cas individuels, de façon à permettre de les embrasser aussi complètement que possible.

IV.

M. Cauderlier se félicite d'être arrivé à la loi générale que voici : « La nécessité et les facilités de satisfaire les besoins de la vie règlent les mouvements de la population dans leur totalité et dans leurs éléments essentiels. » Il exprime plus simplement la même idée par la phrase suivante qu'il substitue à la loi de Malthus : « La population croît partout où croissent les facilités de satisfaire aux besoins de la vie. »

Il rappelle que M. Levasseur a exprimé une idée tout à fait semblable dans la proposition suivante : « L'accroissement d'une population est subordonnée à la somme de ses moyens d'existence et à la somme de ses besoins. »

Je rappellerai que ces atténuations à la terrible loi de Malthus avaient été exprimées par d'autres auteurs. Je citerai les « Éléments de statistique humaine ou Démographie comparée », publiés, il y a un demi-siècle, par Achille Guillard (1855).

Le parrain de la Démographie consacre près de la moitié de son volume à montrer que « la population se proportionne aux subsistances disponibles », étant entendu « qu'il faut appliquer le mot subsistances à toutes les conditions au moyen desquelles l'homme *subsiste* », en un mot tous les moyens de satisfaire aux besoins de la vie. Il fait remarquer que ces besoins varient avec le degré de culture et de civilisation. Il insiste longuement, et avec de nombreux chiffres à l'appui, sur ce fait que tous les mouvements de population contribuent à proportionner le nombre des vivants aux subsistances disponibles.

A en juger par l'ardeur des polémiques que cette proposition a soulevées (*Journal des Économistes*, etc.), on doit conclure qu'elle était alors tout à fait nouvelle et qu'en 1855 les lois formulées par Malthus passaient pour intangibles.

Mon père, quelques années plus tard, complétait la même formule de la façon suivante : « Dans un pays salubre, pour un même groupe ethnique et un même état mental, la population, et par suite sa multiplication ou natalité, tend à se proportionner à la quantité de travail productif, facilement disponible. » (Art. NATALITÉ, p. 486.)

La formule à laquelle arrive M. Cauderlier date donc d'un demi-siècle au moins, ce qui d'ailleurs n'enlève rien à la valeur intrinsèque qu'elle peut avoir.

On trouve dans quelques passages du livre d'Achille Guillard l'indication d'une idée que l'auteur n'a pas développée et qui me paraît pour ma part très juste : « La population s'accroît par les progrès du travail... L'accroissement des subsistances suffit à expliquer celui de la population *et réciproquement*. » C'est qu'en effet si la population se proportionne aux subsistances disponibles, celles-ci s'accroissent aussi proportionnellement au nombre des travailleurs.

J'exprimerai la même pensée en disant que les hommes ne sont pas seulement consommateurs, mais aussi producteurs ; d'où il résulte que les convives du banquet de la vie en sont aussi les cuisiniers, en sorte que le nombre des plats servis s'y proportionne dans une certaine mesure au nombre de ceux qui les préparent.

Le livre de M. Cauderlier représente une somme de travail extrêmement considérable et cela suffirait pour qu'on n'en doive parler qu'avec respect. Je le prie de prendre en bonne part les objections que je lui présente. Il est convaincu sans doute qu'elles ne me sont dictées que par l'amour de la vérité.

5° *Observations de M. Coste.*

Dans ma communication relative à l'important ouvrage de M. G. Cauderlier, j'avais conclu, un peu différemment de l'auteur, en admettant une double série de lois démographiques : les unes réglant les mariages et les naissances, suivant la facilité plus ou moins grande, ou plus ou moins reconnue, de satisfaire aux besoins de la vie ; les autres gouvernant la mortalité, d'après les exigences de l'hygiène, souvent très distinctes des conditions de la richesse et de l'aisance privée.

M. Cauderlier, dans sa réponse, insiste sur l'unité de la loi démographique générale. Il croit que les lois particulières relatives aux mariages, aux naissances, aux décès et à la population totale se rattachent toutes à un principe unique qu'il énonce ainsi : « La nécessité et les facilités de satisfaire les besoins de la vie règlent les mouvements de la population dans leur totalité et dans leurs éléments essentiels. » En précisant cette formule un peu vague, l'auteur s'exprimait comme suit (à la page 309 de son livre) :

« Les mariages sont réglés principalement par les *besoins matériels* de la vie, les naissances par les *besoins sexuels*, les décès par les *besoins hygiéniques*, la population totale par l'ensemble des *besoins de la vie*. »

Je me permettrai de faire observer que M. Cauderlier n'arrive ainsi à formuler une loi unique pour les divers phénomènes démographiques qu'en se laissant influencer par le mot *besoin* qui a en réalité, dans la proposition ci-dessus, des sens très distincts. Les besoins matériels de la vie, les besoins sexuels, sont ressentis par les individus, qui en ont plus ou moins conscience, en sorte qu'en se laissant guider par leur instinct ou leur volonté, ils obéissent aux lois qui régissent les mariages et les naissances. Il n'en est pas de même pour les prétendus *besoins hygiéniques*. Il s'agit là d'abord, je le rappelle, beaucoup plus de l'hygiène publique que de l'hygiène privée ; il faut avant tout préserver les populations des maladies épidémiques ou contagieuses : variole, fièvre typhoïde, diphtérie, tuberculose, syphilis, choléra, peste, fièvre jaune, etc. « Besoins hygiéniques » est une expression métaphorique qui signifie ici *nécessités sociales de préservation collective.* Si ce sont des besoins, ce ne sont pas, à coup sûr, des besoins ressentis par les individus comme ceux de l'alimentation, du logement, de la sexualité et de la paternité. Les individus n'en ont point naturellement conscience, et ils n'y pourraient pas satisfaire en suivant leur instinct ou leur volonté particulière. Il faut, pour obéir à ces conditions du développement social, qu'une volonté supérieure, une raison collective, une force publique intervienne. Et c'est pourquoi je crois être conséquent avec les principes mêmes posés par M. Cauderlier en contestant qu'une loi unique gouverne la marche de la population totale ; et pourquoi je crois devoir insister sur la dualité tout au moins des lois qui régissent, d'une part, les mariages et les naissances par l'action prépondérante des sentiments individuels, et, d'autre part, les décès par l'action prépondérante de la prévoyance collective.

Mais cette question théorique, qui n'est peut-être qu'une dispute de mots, n'intéresse pas beaucoup, en définitive, la démographie pratique, et il importe davantage, à ce qu'il semble, de faire disparaître, s'il est possible, les désaccords plus réels que je relève dans la réponse de M. Cauderlier. Notre distingué confrère persiste à croire que le ralentissement de la population française est dû aux mauvaises conditions économiques de notre pays. Il ne pense pas, comme je l'ai suggéré, qu'il tienne à un état de l'opinion plutôt qu'à la réalité des faits. Il ne croit pas non plus que le relèvement de la condition de la femme puisse être compté comme une cause sérieuse de réduction de la fécondité des mariages. C'est sur ces trois points que je voudrais m'expliquer aussi brièvement que possible.

En ce qui concerne la situation économique de la France, M. Cauderlier se réfère à un travail de notre confrère, M. Victor Turquan, qui a été publié au cours de l'année dernière dans la *Revue d'économie politique*, et qui vient de paraître en volume (1). Dans cette étude, fort intéressante, M. Turquan évalue la fortune de chaque département d'après les valeurs successorales déclarées dans ce département, et multipliées par le coefficient de la durée de la génération, tel que M. Turquan l'a calculé spécialement pour chacune de nos circonscriptions administratives.

En comparant deux évaluations à vingt ans de distance, sur les données de 1878 et de 1898, et en rapportant la somme des valeurs au nombre d'hectares du territoire départemental, M. Turquan aurait trouvé que dans 31 départements la richesse totale par hectare a diminué de 5 p. 100; que dans 20 départements elle est restée stationnaire; que dans 19 elle a augmenté de 5 à 15 p. 100; et que dans 14 elle a augmenté de plus de 15 p. 100.

Sans discuter à fond, pour le moment, la méthode employée par M. Turquan, je me borne à faire remarquer que le procédé indirect de l'évaluation de la richesse au moyen des valeurs successorales, comporte un assez grand nombre de conjectures, concernant l'exactitude des déclarations, l'estimation et la composition des actifs, l'omission des passifs à compenser par les dissimulations d'actif, l'assimilation des donations et des avancements d'hoirie, et, enfin, la multiplication de l'annuité successorale par la durée d'une génération, conjectures multiples qui rendent fort aléatoire la comparaison de deux annuités successorales isolées et qui restreignent forcément la confiance que l'on peut accorder aux calculs de ce genre appliqués à des départements particuliers. L'évaluation de la fortune privée collective à l'aide des annuités successorales ne peut donner des résultats très plausibles que si l'on opère sur un ensemble de plusieurs années et pour une assez grande étendue de pays. J'ajoute que, même alors, la plus-value ou la moins-value de la fortune nationale ne reflète souvent que la hausse ou la baisse des valeurs sur le marché des capitaux, et non l'augmentation ou la diminution de la richesse réelle, mesurée par les revenus effectifs.

Mais je n'insisterai point outre mesure sur les difficultés de la comparaison; j'admettrai que M. Turquan a pu opérer sur des données suffisamment exactes et arriver à des résultats acceptables; ressortira-t-il de son travail que la richesse de la France ait diminué dans son ensemble ? Telle n'est pas sa conclusion.

Dans une étude que j'ai présentée à la Société de statistique, en 1890, sur la « Richesse comparative des départements de la France », j'étais arrivé à cette constatation que le département de la Seine, à lui tout seul, formait presque le quart de la richesse totale de la France continentale; que 11 départements très riches formaient un second quart; que 26 départements mi-agricoles, mi-industriels constituaient le troisième quart; et, enfin, que 47 départements complétaient le quatrième quart. Eh bien, M. Turquan arrive à peu près au même résultat, quand il dit, à la page 68 de son livre, que « 11 départements à eux seuls représentent la moitié du total des annuités (successorales) de la France ».

Examinons le calcul des gains et des pertes (2) :

Le département de la Seine, qui représente donc à peu près le premier quart de la richesse totale, aurait vu sa fortune augmenter de 15 milliards ou de 38,15 p. 100. Parmi les 11 départements formant environ le deuxième quart de la richesse totale,

---

(1) *Évaluation de la fortune privée en France et à l'étranger dans ses rapports avec la fécondité des familles;* étude économique et géographique de la répartition de la richesse. Paris, 1901, L. Larose, Guillaumin et Cie, éditeurs.

(2) Voir le tableau à la page 87 du livre de M. Turquan.

3 départements, les Bouches-du-Rhône, le Pas-de-Calais et la Seine-et-Oise auraient perdu 510 millions; mais 8 autres, le Nord, Seine-et-Oise, Meurthe-et-Moselle, les Alpes-Maritimes, le Rhône, la Loire, l'Hérault et la Gironde, auraient gagné 5 milliards 210 millions. Bénéfice net pour ce groupe, 4 milliards 700 millions ou 11 p. 100.

Parmi les 26 départements formant le troisième quart de la richesse totale, 5 seraient restés stationnaires, 10 auraient perdu 2 milliards 491 millions, 11 auraient gagné 3 milliards 520 millions. Bénéfice net pour ce groupe, 1 milliard 29 millions ou 2 p. 100.

C'est parmi les 47 ou 48 départements (en y rattachant la Corse) qui forment le quatrième quart de la richesse nationale que l'on compterait le plus de départements en diminution de richesse (24 perdant 3 milliards 989 millions ou 16 1/2 p. 100); mais 24 autres seraient en gain de 4 milliards 124 millions ou 14 p. 100. Bénéfice net pour ce groupe, 135 millions.

En somme, dans une période de vingt ans, la fortune de la France se serait accrue de 21 milliards (1). Est-ce là, je le demande, le tableau d'un appauvrissement général de notre pays ? Assurément non ; c'est, au contraire, la constatation de l'enrichissement notable de la plupart des départements qui étaient déjà le plus prospères. Cependant, bien qu'il ne faille pas attacher une valeur absolue à des calculs qui reposent, je le répète, sur des données encore incertaines, il en ressort une indication importante et fort intéressante à retenir : c'est que, depuis une vingtaine d'années et probablement depuis plus longtemps, l'accroissement de la prospérité s'est concentré sur les départements les plus riches où la production était déjà intensive, tandis que le stationnement ou le ralentissement de la richesse s'est fait sentir sur les départements les moins riches, à petite industrie ou à médiocre agriculture (2). Cela nous indiquerait, si ces calculs étaient vérifiés (et, en tout cas, M. Turquan aura eu le mérite de préparer la solution du problème), que la France est en pleine transformation industrielle, commerciale et agricole. Presque partout, la grande production, le grand commerce, la grande exploitation, tendraient à se substituer à la petite et à la moyenne industrie, au petit commerce, à la petite exploitation ; telle serait du moins la principale condition du succès économique. Il en résulterait, non un ralentissement de la richesse, non une diminution générale des ressources, comme paraît le croire M. Cauderlier, mais une modification assez profonde des coutumes économiques et morales. La richesse générale se serait accrue notablement, mais la prospérité se serait déplacée; les départements routiniers souffriraient, leur natalité s'en ressentirait, et il se produirait en même temps une émigration vers les départements prospères. D'autre part, on comprendrait que cette population d'immigrants, transplantée du pays natal et encore mal adaptée à ses nouvelles conditions d'existence, restât pendant assez longtemps moins féconde qu'elle n'était auparavant sur la terre de ses ancêtres.

Ce double phénomène, la souffrance des populations qui ne se transforment pas, le défaut d'adaptation complète des individus transplantés, me paraîtrait suffire à

---

(1) M. Turquan dit même 24 milliards 800 millions, ou 13,23 p. 100, mais je n'ai pu reconstituer cette somme par la totalisation des chiffres départementaux.

(2) Voici quels seraient les départements les plus éprouvés : Alpes (Basses-) 35,80 p. 100 de diminution de richesse, Ariège 30,80, Lot-et-Garonne 29,50, Gers 26,90, Lot 26,60, Alpes (Hautes-) 26,30, Garonne (Haute-) 23,35, Tarn-et-Garonne 23, Mayenne 22,10, Vendée 21,50, Drôme 21,40, Var 21, Pyrénées (Hautes-) 19,80, Doubs 19,30, Cher 18,30, Ardèche et Landes 17,60, Calvados 16,10, Dordogne 14,60, Tarn 13,90, Manche 13,50, Jura 12,45, Côte-d'Or 11,30, Savoie (Haute-) 11, Bouches-du-Rhône 10,04, Seine-Inférieure 9,10, Sarthe 8,64, Corse 6,50, etc. — Voici, par contre, les départements les plus favorisés : Loiret 64,10 p. 100 d'augmentation de richesse, Vienne (Haute-) 51,30, Vosges (46,40), Alpes-Maritimes 41,25, Creuse 40,40, Meurthe-et-Moselle 39,60, Seine 38,15, Oise 33,35, Indre-et-Loire 32, Aube 29, Seine-et-Oise 26,50, Indre 26,40, Nord 21,60, Loire 18,60, Yonne 18,50, Saône (Haute-) avec Belfort 17,80, Maine-et-Loire 16,90, Marne 14,65, Seine-et-Marne 14,10, Sèvres (Deux-) 13,80, Pyrénées (Basses-) 13,10, Aisne 12,50, Meuse 12,35, Hérault 12,10, Gard 10,85, Ardennes 10,80, Finistère 10,50, Loir-et-Cher 10,17, Charente 10,15, Aude 8,25, Rhône 8, Eure-et-Loir 7,80, Vienne 7,20, Allier 6,75, Eure 6,74, Nièvre 6,67, etc.

expliquer le ralentissement de la natalité de notre pays, en dépit de la continuité de son enrichissement.

Ce ne serait point, du reste, un fait nouveau dans l'histoire. Sous les Tudors, au XVIᵉ siècle, l'Angleterre passa par une crise pareille. En même temps que le commerce et les manufactures se développaient dans les villes, les campagnes subissaient une pénible transformation; de nouveaux acquéreurs se substituaient aux anciens propriétaires fonciers; les terres étaient soumises à un autre mode d'exploitation, plus productif que l'ancien; on enclosait les terres communes, on réunissait plusieurs petites fermes en une seule, on substituait l'élevage des moutons à la culture des céréales, et nombre de paysans étaient contraints de refluer dans les villes. Alors Thomas Morus déplorait la ruine des villages ruraux, et le chancelier Bacon s'efforçait d'empêcher, par des prohibitions légales, la dépopulation du royaume (1). Les précautions législatives furent vaines; le mouvement économique ne fut pas interrompu, et, quand la population eut été adaptée aux nouvelles conditions d'existence, la natalité reprit son cours; en sorte que l'Angleterre, dont la population rurale est inférieure à la population urbaine, est aujourd'hui beaucoup plus féconde que la France, où la population agricole est encore dominante.

Sans doute, il y aurait intérêt à établir, pour chaque département en particulier, la corrélation existant entre la transformation économique et le ralentissement de la population; malheureusement, les bases statistiques comparatives, à vingt ou trente ans de distance, me paraissent insuffisantes. Le siècle qui vient de finir a vu débuter presque toutes les statistiques; les comparaisons ne seront décisives qu'au cours du siècle où nous venons d'entrer. Or, si je comprends bien la théorie de M. Cauderlier, notre confrère ne s'attache pas à la richesse absolue des contrées. Dès que cette richesse est stationnaire, les besoins croissants arrivent à absorber les ressources dont dispose la population : une natalité élevée ne peut donc se maintenir qu'avec une aisance croissante. Il nous faudrait donc absolument connaître le mouvement de la richesse par département pour vérifier en France la théorie de M. Cauderlier. Si plausible soit-elle, elle ne me paraît pas, pour le moment, complètement vérifiable dans notre pays.

En ce qui concerne ma thèse sur l'influence du relèvement de la condition de la femme, je me contenterai de l'appuyer sur une considération qui me semble assez probante et qu'il serait facile, je crois, de traduire en démonstration statistique.

Si nous classons les départements d'après leur natalité (rapportée, par exemple, comme on l'a fait pour 1892, aux femmes mariées de moins de 45 ans), nous apercevons que pour une même zone de natalité, si je puis ainsi parler, il y a des départements de richesse très différente. La natalité n'est donc pas proportionnelle à la richesse en soi. Ce premier point me semble incontesté pour tout le monde. En outre, dans cette même zone, il y a des départements non seulement riches, mais en prospérité certainement croissante, au dire même de M. Turquan. Pourquoi donc leur natalité reste-t-elle au niveau des départements plus pauvres ou stationnaires ? Parce que, à mon avis, il est intervenu une autre influence; parce que ces départements riches et en cours de progrès nouveaux ont vu s'accroître leur population urbaine, qu'ils ont des chefs-lieux, non plus de 10 000, mais de 30 000 et de 100 000 habitants, avec des sous-préfectures presque aussi considérables. Or, ce n'est pas tant la richesse qui procure l'émancipation féminine que la liberté professionnelle et l'égalité des conditions qui existent seules dans les villes. C'est donc, à mon avis, le caractère urbain pris par les départements à mesure qu'ils se développent industriellement et commercialement qui détermine l'affranchissement des femmes, aussi bien d'ailleurs que des plus humbles travailleurs, et c'est, en grande partie, cet affranchissement qui ralentit ou qui annule la tendance à l'augmentation de fécondité qui aurait dû résulter, d'après M. Cauderlier, de la prospérité croissante de ces départements. C'est là, je le répète, ce qui me paraît expliquer que,

---

(1) Je renvoie sur ce point à mon livre *l'Expérience des peuples*, p. 260 et suiv.

sous les mêmes taux de natalité, viennent se ranger à la fois des départements très prospères et très progressifs et des départements très pauvres et très immobiles.

———

Il me reste, en terminant, à m'excuser de n'avoir pas été tout à fait complet dans le compte rendu que j'ai présenté, à la Société, de l'ouvrage de M. Cauderlier. Dans mon exposé, je m'étais particulièrement attaché à la partie de ses travaux qui me paraissait directement conduire à une réforme des statistiques démographiques, et j'avais volontairement laissé dans l'ombre une autre partie, plus délicate, qui me semblait à la fois moins solidement établie en théorie et surtout moins facile à mettre en pratique.

M. Cauderlier, dans la séance du 16 janvier 1901, a insisté, au contraire, sur la partie spéculative de son œuvre. Il a fait ressortir que l'analyse démographique fondée sur la considération de la matrimonialité, de la fécondité légitime et de la mortalité par âge et par sexe, qui est déjà si supérieure à l'analyse courante établie sur la nuptialité, la natalité et la mortalité générales, est pourtant insuffisante, et qu'il faut viser à une troisième analyse encore plus précise, pour laquelle les mots manquent jusqu'à présent. A la matrimonialité, il voudrait substituer ce qu'il appelle d'un terme provisoire la *mariebilité*, c'est-à-dire le rapport des mariages à la génération féminine de l'âge moyen des mariages ; à la fécondité légitime, il voudrait substituer la *fécondabilité* ou fécondité de la femme suivant son âge et la durée du mariage.

De telles recherches sont assurément très fines et très intéressantes, mais elles me paraissent dépasser le but que nous pouvons raisonnablement espérer d'atteindre ; et, en outre, elles ne sont pas à l'abri de la critique.

En ce qui concerne la mariabilité, M. Cauderlier est obligé de recourir à toute une série de calculs ingénieux et simplement probables, pour suppléer au défaut de statistiques réelles et précises et arriver à cette double détermination : 1° l'âge moyen auquel la femme se marie (25 ans 1/2 en France, 25 3/4 en Angleterre, 26 ans en Prusse, 27 1/2 en Hollande, 28 1/2 en Belgique) ; 2° l'importance numérique de la génération féminine correspondant à cet âge moyen. Il montre alors que les jeunes filles composant cette génération ont, en Belgique, plus de chances de se marier que les filles de France, contrairement à ce que ferait supposer la comparaison des coefficients de matrimonialité.

La conclusion me semble contestable. Il faudrait dire que les filles belges ont plus de chances de se marier à 28 ans 1/2 que les filles françaises n'en ont à 25 ans 1/2, mais cela ne prouverait rien comme résultat final.

En allant au fond des choses, on s'aperçoit que M. Cauderlier opère arbitrairement en rapportant les mariages à une seule génération féminine, sous le prétexte qu'elle a le même âge que l'âge moyen des mariages ; c'est transformer une fiction arithmétique (toute moyenne est une fiction) en une réalité effective. On touche du doigt le danger de ce raisonnement, quand on constate, au tableau n° 51 du volume de M. Cauderlier (p. 134, col. 7), que le rapport des mariages en Belgique à la génération féminine considérée dépasse très fréquemment l'unité, ce qui revient à dire que l'on marierait souvent plus de filles de 28 ans 1/2 qu'il n'en existerait effectivement en ce pays! Il est bien évident que la génération de 28 ans 1/2 n'est prise là que pour représenter toutes les fractions des autres générations féminines qui concourent au mariage ; mais pourquoi la coïncidence de l'âge de cette génération avec la moyenne d'âge des nouvelles mariées autoriserait-elle à rapporter les mariages au seul effectif de cette génération ?

Je me demande, en outre, pourquoi les coefficients de *mariabilité* ainsi calculés seraient plus comparables d'un pays à l'autre que les coefficients de *matrimonialité*, calculés par rapport à l'ensemble des filles ou veuves de 15 à 50 ans. Comparer la mariabilité belge à 28 ans 1/2 à la mariabilité française à 25 ans 1/2, c'est, me semble-t-il, opérer de la même façon que si l'on comparait des nubilités différentes en changeant, suivant les pays, les périodes de fécondité féminine ; à peu près, par exemple, comme si l'on rapportait les mariages en Belgique aux filles ou veuves de ce pays entre 18 et 50 ans, tandis qu'on rapporterait les mariages en France aux filles ou veuves de 15 à 50 ans.

Je conclus qu'il faut jusqu'à nouvel ordre nous en tenir, comme desideratum, au calcul des coefficients de *matrimonialité*, tels que les a définis M. Gauderlier, après M. Bertillon père, c'est-à-dire au rapport des mariages à la population féminine non mariée de 15 à 50 ans. Ces coefficients sont, à mon avis, comparables d'un pays à un autre, parce qu'ils reposent sur des données réelles et positives, susceptibles d'être relevées avec exactitude : les mariages, d'une part, l'effectif, d'autre part, des femmes fécondables non mariées.

Quant à l'utilisation plus ou moins grande, dans chaque pays, des femmes de 15 à 50 ans, ce qui est une question très intéressante, on pourrait, à mon avis, l'exprimer exactement en faisant le compte des années vécues par les femmes des âges susdits et en établissant la proportion des années de célibat et des années de mariage.

Contraste insuffisant ou
différent, mauvaise qualité
d'impression

Under-contrast or different,
bad printing quality